생
말
타
기

생 말 타 기

강덕환 시집

한그루

自序

　　글을 쓴다는 작업을 진절머리가 나도록 저주해 본일이 있다. 한밤중에 깨어나 몽유병 환자처럼 끄적거려보다가 자신을 되돌아보곤 소스라치게 놀라던 일, 펜을 잡은 손이 잘린다 해도 그 기능을 발로, 입으로라도 해내고야 말 것이라는 생각에 아예 의식까지 마비되어 버렸으면 할 때가 있었다.

　　그렇다고 그런 상황이 달라졌다는 건 아니다. 시시각각으로 덤벼오는 나태와 안일의 늪 속을 허우적거리기는 지금도 마찬가지다. 어쩌면 허울 좋게 덤벼들던 객기마저 시들어 버린 건 아닐까 하고 덜컥 겁날때가 많다.

　　이번에 작품들을 엮어보면서도 생각 키우는 건 글쓰는 사람이나 세계에 대하여 실컷 보내기만 했던 냉소적인 반응을 이제는 내가 감당해야 할 차례임을 느껴본다.

　　대학 시절부터 글쓰기 작업이 나의 프리즘을 통과하는 동안 상당히 굴절된 모습으로 반영되지나 않았을까 우려해 본다. 들녘의 풀 한 포기가 그 자체로

아름다울 수 있는 것을 나만의 잣대로 금을 긋고 나만의 저울로 무게를 달아 쉽게 쏟아낸 언어 나부랭이들.

그런 일련의 행위들을 단순히 자학하는 차원에서 머물러 버리지 않겠다는 다짐을 이 기회를 빌미로 얼버무린다.

이 땅의 자양분을 야금야금 갉아 먹으며 자라온 나로서는 이 땅과의 뜨거운 밀착을 통한 사랑이 또한 내게 부여된 소명이다. 그러기에 주접스러워 하는 토속어를 껴안을 수밖에 없다. 그러면서 삶의 리듬을 파괴하는 모든 것들에 대하여 온몸으로 저항할 수밖에 없는 이유도 저변에 깔려 있다.

어쨌거나 너절한 글들을 추릴 수 있는 계기가 되었던 후배 녀석의 지겨운 앙탈이 밉지 않다.

신미년 섣달에
강덕환

또다시 自序

　신미년(1991년) 섣달에 썼던 자서(自序)를 무술년 (2018) 정초에 또 쓴다. 햇수로 스물여섯 해 만이다. 서툴고 미숙하게 세상에 분양했던 시들을 이산가족 상봉하듯 다시 만난 느낌이다. 험난한 세파에 휘둘리다 상처투성이로 돌아온 녀석도 있고, 연줄을 끊고 제 갈 길 찾아 영원히 떠나버린 경우도 있다.

　늘 곁에서 벗이 되어줄 것 같았던 소소한 것들이 내 삶의 리듬이었다고 호기롭게 얘기했던 첫 시집을 들추고 있노라니 많은 것이 변하고 바뀌었다. 시의 소재가 되어주었던 어린 날의 정서가 사라져갔다. 초가집이 사라진 자리에 아파트가 들어서고 올렛길에 심어졌던 먹구슬나무는 베어졌다. 초남동산은 깎이고 생이오름은 빌딩에 가리워져 보이질 않는다. 하루가 다르게 멸종되어가는 풍경들이다. 어디 풍경뿐이랴. 할머니도, 궁핍한 시대의 목숨붙이들도 이승을 떴다. 더욱이 발문을 써 주셨던 오성찬 선생님도 마찬가지다. 고향 상실의 시대에 그나마 글을 통하여 삶의 리듬을 파괴하는 것들에 저항하겠다던 당시의 열정이

한 푼어치라도 남아 있다면 다행이다.

이번《생말타기》가 새 생명을 얻고 이 세상에 다시 태어나기(reborn)까지는 작당(?)한 산파들이 있어서 가능했다. 그분들에게 각별히 고마움을 전한다.

2018. 1.

강덕환

차례

2부

3부

1부

보리 공판하는 날

자식놈에게 못 주는 정 자갈왓에 쏟으며
갈고 뿌리고 가꾸며 지켜온 반년 세월
쭉정이까지 다 쓸어 담으면
비룟값에 품삯은 뺄 수 있을 테지
1등급 도장만 와락 찍어 달라고
치고 불리고 다듬어
오늘은 보리 공판하는 날
대학께나 다닌답시고
시 나부랭일 쓰고 앉은 아들 녀석은
공납금이 얼마나 되는지 알기나 할까
쉽게, 너무도 쉽게
등급을 매겨버리는 검사원들
청자담뱃값을 닮아버린 구릿빛 팔뚝
꼭대기가 떨어져 나간 패랭이도
오늘은 모두 용서하기로 하자
그러고 나면 웰까, 그리운 막걸리
서너 대접 들이켜고
휘적휘적 돌아오는 거나한 길목엔
가난보다 더 질긴 다이야표 검은 고무신
땀 배어 자꾸만 벗겨지려 한다

타작

악에 받친 가난을 훑어 도리깨질을 한다
여러 날을 신음하여 온 분노를 되새김으로
되새김으로 다스리기 위하여 도리깨질을 한다
마이클 잭슨의 뒤뚱거리는 리듬을 본받아
언젠가는 집집마다 배달될 외채상환배당고지서
게을리해서는 안 될 그 준비를 위해서
흩어진 낟알도 꼭꼭 주워 담으시던
어머니의 자립경제는 언제쯤 끝을 맺을까
두드려 두드려서 더 나올 알곡 없어도
쉽게 그만두지 못하는 이 끈끈한 집착은

고구마를 묻으며

투박한 살갗끼리 맞부벼

얼지 않을 만큼

체온이나 나누면서

소리 없이 인동(忍冬)하는 우리네 팔자

호강까지야 바라것냐

조짚으로 에워싼 흙구덩이 속

속으로만 은밀하게 내통하는

우리 시대의 슬픈

은어(隱語)를 묻어두고

조바심 나는 보살핌에

까짓것 쥐오줌 얼룩져도

썩은 거름에 어화둥

살 섞는 봄꿈을 캐면서

진득하니 이 겨울은

진(津)이나 마련해 둠세

할머니의 등

새를 보면서 할머니의 등을 생각한다

배고프던 저녁은 일찍 불을 끄고 자라고
할머니는 연방 무서운 귀신 애기만 하였다
일찍 잠을 잔 다음날은 허기를 느껴
새벽부터 깨어 칭얼거리던 나는
곧잘 할머니의 등에 업혀 텃밭으로 나갔다
수수 이삭에 달라붙은 새들을 쫓으라고
내 손엔 댓가지를 쥐어 주셨다
할머니의 말씀으로는 배고픈 이유가
모두 새들 때문이라고 그랬다, 그래서 그런지
힘껏 두들겼다, 모가지가 비틀어지라고
두들기는 것에 덜 익숙한 나의 댓가지는
자꾸만 수수 이삭을 떨어뜨렸다
할머니는 등에 업힌 나를
잘한다, 잘한다 들레들레 추켜올리셨다
새를 쫓고, 허기를 쫓고
따스운 할머니의 등에 업혀 열심히 쫓고 나면
할머니! 나 하나도 배 안 고파

배고픈 새벽은 쉬이 물러가고
어머니의 밥 짓는 연기
아침 해보다 높다

먹구슬나무의 사랑

바람 좋은 날엔 연을 날린다
웃동네에서 알동네까지
발등이 보이는 검정고무신
벗겨지면 거머쥐고 죽으라고 달린다
바람 먹은 연이 줄을 타고 솟아오를 때
동갑내기 순애도 덩달아 오른다

딱 한 번만 빌려 달라던 순애한테 얼레를 넘겨줬더
니 글쎄, 연이 곤두박질쳐 먹구슬나무 가지에 걸려버
렸지 뭐야. 쪼끄마한 키로는 올라갈 수가 없어 내 등
을 밟고 순애가 올라가기로 했는데 무섭다고 앙탈을
부리길래 내가 순애의 등을 밟고 올라가 연을 떼어 왔
지. 그 며칠 후 목사하르방네 과수원 양철문엔 누구
하고 누구 뭐했다고 크레파스 글씨가 큼직하게 배겨
나왔다

알아먹었져, 알아먹었져
허물딱지만 대닥대닥 열리던 유년
실밥 터진 곳으로 기어드는 가난을 어쩌질 못해
시집을 갔다. 육지놈하고 눈이 맞아 순애는
아이도 두엇 낳고 잘 산다더라

암 잘 살아야지 억울해서라도 잘 살아야지

포롱포롱 가지를 넘나들던 먹구슬새
세월을 비껴 나는 사이
몇 번이나 새로 돋았을까 저 잎새
일러주면 일러준 대로
우직하게 커가는 건 너뿐이구나 먹구슬나무
먹구슬처럼 누에 빛 살결
지금은 엄마 된 순애와의 글러버린 사랑 이야기

가을 운동회

윤택한 모습들은 아니지만
아무라도 만나면 낯설지 않고
마을엔 기쁘지 않은 것들이 없다
하루에 세 번 있는 정기노선버스가
덜컹이던 길 멈추고 잠시 쉬었다 떠나는
시골 학교 가을 운동회

숙제를 안 해 유난히 크게 들리던 선생님의
슬리퍼 끌며 들어오는 소리도
오늘은 하나도 무서울 게 없다
먼 사돈뻘을 만난 옆집 아저씨는
외양간 누렁이 하루쯤 굶건 말건
신명난 술추렴에 더덩실 어절씨구
섬마을 선생을 곧잘 부르던 고모의
몸에서 풍기던 진한 구리무 냄새
손주 녀석의 달음박질에
하얀 코고무신 벗어들고
휘둘러 주시던 할머니, 할머니……

육성회장의 목소리에 맞춰
만세 삼창을 하고
보건체조로 숨을 고를 땐
다리를 절었던 분이도
만국기를 보며 코끝이 찡하다

변소

하필이면 소풍날엔 비가 왔다
운동회 때도 마찬가지였다
그럴 때마다 이상한 얘기가 나돌았다
교사(校舍) 뒤쪽 목조건물 변소가
무덤을 깎아 지었다는 것이다
변소를 지을 때 목수 아저씨가
구렁이를 죽여서 그렇다는 이야기도 있었다
비가 오거나 바람이 불 때마다
빨간 양철지붕은 더욱 덜컹거리고
겁 많은 여자애들은 교사용(敎師用) 변소에만 들어갔다
변소 밑구멍에서 빨간 손이 나온다기에
끝내 옷에 똥을 싸버리고
똥푸대기란 별명이 따라 다녔던 째끔이는
시집이나 제대로 갔는지 몰라

초남동산의 협죽도

한라산
생이오름 밑
아직은 아득한
아이들이 모여 놀던 동산

내 이웃에 살던 댕유지
싸움을 잘했던 탁배기
이발충이 허옇던 까까중
그 외에도 할망, 깡냉이, 코생이, 촉새
늘 코딱지를 붙이고 다니던 아이
세월은 망각을 키워낸다던가
아물아물한 기억 속으로 달아나는
아이, 아이들

- xx는 장가갔다더라
- 말도 마, xx는 시집가서 애가 둘이래
- xx는 세탁소 사장이고
- 물난리로 먼저 딴 세상 간 봉천이는 참 안 됐지?
- 그래도 넌 대학 다니잖아
- 우후 아지망! 술 한 병 더 줍서

학교 가는 길은

드르렁 드르렁 굴렁쇠를 굴리며

책보를 허리춤에 차고 달렸지

가난보다 더 질긴

다이야표 검은 고무신

벗겨지면 거머쥐고 마구 달렸어

달리다 지쳐 쉬는 곳은 초남동산

세수도 하지 않은 녀석끼리

어깨동무하고 들어서는 운동장

팽이를 치고, 공기를 하고

제기를 차고, 더러는 고무줄도 넘는다

　정이월이 다 가고 삼월이 오네

　작년에 간 제비가 돌아오면은

　이 땅에도 새 봄이 온다네

　아리랑 쓰리랑 아라리요

　아리랑 강남을 넘어 간다

그러나 아이들의 봄은 멀어 얼어붙을 것만 같은 날

그래도 어김없이 피어나는

찔레꽃을 따먹으며 잊어보던

국적 모를 놀이들

이시끼리, 오주매, 하시다리

4·3으로 함박이굴 진창 속에 처박혔다가
엉금엉금 기어 나와
민족도, 이데올로기도 모른 채
그래도 살아보겠노라고 만들었던 재건부락
할아버지의, 아버지의 어린 것들은
한 학급 다섯 분단
예순 명의 아이들
강냉이떡을 나눠주는 날은
맨날 지각하던 아이가
제일 먼저 오는 날
신짝을 잃고 우는 아이가
왜 그리도 많던지
못을 불에 구워 표시를 하거나
실로 꿰매어 더하기표를 하였지
교실 바닥에 양초를 칠하여
걸레로 닦으면서 구구법을 익히고
    미국 국민이 기증한 것
    팔거나 바꾸지 말 것
밀가루 부대에 새긴 글과
어쩐지 어색한 악수를 보며
민주주의의 강점을 이야기하였어

초남동산에 모이면
깽깽이 싸움을 하고 기마전을 한다
삼동을 따먹고
삘기를 뽑아 씹으며
집요하게 허기를 쫓고
남루의 티가 나면 멧밭으로 달려가
훌훌 벗어던지고 물속에 뛰어들었다
잠자리랑, 소금쟁이, 개구리도 잡던
궁핍한 시대의 목숨붙이들

협죽도를 심었어
뿌리를 곱게 편 흙구덩이
줄지런히 모여들어 소망처럼 다독이며
까짓 바람
흔들리지 말라고
흔들려도 버티라고
괭이 뒷등치로 마구 두들겼지
잎사귀로 만든 바람개비
정신없이 돌리기도 하고
꽃잎에 비치는 볼 붉힌 순수로
손 모아 열싸열싸 화이팅을 외쳤지

엿도 안 주는 검은 고무신

부담스레 신고 있을

하등 이유 없는 아이들

멀찍이 벗어 날리면

스렁스렁 깎아내리는 초남동산

밑동이 드러나는 협죽도

낯설어 불면으로 신음하는

유년의 팔매질

피할 여유도 재간도 없이

초남동산에 물 고이다

협죽도 죽어가다

깜부기

하늘을 버린 건 우리들이 아니다
햇살을 피해버린 것도 우리들이 아니다
보리 이삭 팰 때쯤 잘못 생겨난 탓에
더불어 살 수 없는 버려진 그늘
싹을 틔우는 5월 훈풍에도
육신은 문드러지고
우리들의 적(敵)은
풍신수길도 공산당도 아닌 채
밤새도록 기워가는 남루
생애를 엮어가는 거미줄이구나
목숨이구나 찔레순 꺾어 먹으며 똥꼴똥꼴
현해탄을 건너오는 바람은
강원도 운두령을 넘어오는 바람은
천구백오십 미터 마루턱에 걸려
으깨지고 멍들어 꽃으로 피는구나
더는 쫓겨 갈 수 없는 섬에서
섬의 꽃 깜부기가 되는구나

조팥밟기

동녘이 벌겅헌 게
오늘은 뱁도 과랑과랑 험직허다
재게 일어낭
인칙생이 밭디 글라
아방이랑 아이덜 데리곡
쟁기 정 먼저 강 이시커매
어멍이랑 점심 가정 천천히 오라

오늘은 부종허는 날
동담 어염에서 섯담 어염까지
웃담에서 알녁담까지
조근조근 볿으라
작산 것이 간새허민
두린 것도 간새헌다
요놈의 몽생이도
조롬에 보짝 쫓으라
떨어져 가민 실퍼진다
허려려려 허려려
허려뭐시께라

쉰다리도 돌려가멍
한사발씩 드르쓰곡
족은 년이랑 물 질레 가라
팍팍헌 땅을 볿젠허난
목이 지깍 맥혀 왐쩌

하늘더레랑 보지말라
언제 하늘 믿엉 살아시냐
이 일을 헌댄허영
아방 고지깽이라도
푸지게 써본 도래 웃다
느네 조롬 쓸당보민
맨날 해도 요 모냥이주만

알아지크냐
느네 믿엉 꽝 보사진건
백 번이라도 무신거랜 안 고르켜
돌암시민 돌아온다
살암시민 살아진다
해 질댄 하늘 욕허지 말곡
땅 질댄 밭 욕허지 말라

신착 터진 건 좋다마는
간새허는 건 아무 쓸짝에 어신다
오늘 저녁이랑 물외장국
버럭이 해낭 푸지게 먹어보게
허려려려 허려려
허려뭐시께라

누이를 위한 서시

지겹도록 닳지 않는 고무신 같았다, 겨울은
실과 책, 바른생활 책으로 찢어 바른 벽 틈새로
굴묵 연기 새록새록 솟아오르던 어스름 녘
말 방앗간을 지나쳐 오면서도 누이는
하나도 무서워하지 않았다
기웠던 양말이 또 터질 때
기어이 참새밥 열리는 봄이 오곤 했지만
웅크려 비껴온 세월만큼이나 봄 또한
여뀌풀 쥐어뜯다 멍구쟁이 진
어머니의 손마디 같았다
끝내 고등학교 진학을 포기해야만 했던 누이는
시집을 갔다. 술 안 먹고 트럭운전을 하던
매형을 만나 조카도 두엇 낳고 산다지만
찾을 수 있을까 큰빌레 마을
스물이 지나고 서른이 되면서
혹은 마흔, 쉰이 지나가면 잊히지나 않을까
참새밥 씨앗처럼 달아나는 유년을
한 땀 한 땀 엮고 있을 뜨개질 바늘코 속에서
누이는

입춘일지

어째서 흙이 소금기인가는
입춘 날 들판으로 나가 보면 알 것이다
긴 터널의 겨울을 지나
정직하게 맨살을 비벼 온 목숨
끝끝내 굴하지 않은 목숨들이
벌렁벌렁 살아 숨 쉬는 호흡

동내의를 벗어버리기엔
어쩐지 섭한 날이지만, 그럴라치면
질긴 것들의 이름을 부르는 거다
추위를 달래며 달래
질기게 견디자 질경이
가난쯤 더덕더덕 기워가며 더덕
냉이야 냉이야 이리와 냉이
숨바꼭질하자 씀바귀

아하, 그보다도 입춘 날에는
이름 없이 인동(忍冬)한 것들의
숨어서 흘려 온 눈물, 그 눈물이 스민
짭조름한 흙의 소금기를 맛볼 일이다

회충약을 먹으며

채변검사를 하고
누가 누구랄 것도 없이 회충약을 먹었다
조반은 필히 굶고 올 것
회충약을 나눠주기 전날부터
선생님은 엄명에 거듭 다짐을 했다

산토닌 몇 알씩 받아든 아이들이
주춤주춤 물을 따라 목으로 넘기면
덜 익숙한 아이들은 토하기도 하고
더러는 우는 아이도 있었다

조반을 굶은 노래진 얼굴로
두통이 일기 시작하면
기생충을 없애자, 몰아내자
화살로 내리꽂은
기생충박멸협회의 포스터를 보았다

다음날은 검사를 했다
대변 속에 묻어나오는 개수를 헤아려
손을 들게 했다
많이 나왔다고 손을 든 아이들은 박수를 받았다

간첩이나 생포한 것처럼

똥을 누면서도 제발 하나만 더 나오기를
창자가 빠지도록 맥을 썼다
하나도 안 나온 사람은
다시 약을 먹어야 한다고 했다

약을 다시 먹기 싫었던 나는
사실 하나도 안 나왔으면서
두 개 나왔다고 했다

유랑영화

저물녘쯤 확성기를 실은 도라꾸
혹은 시발택시가 마을을 한 바퀴 훑고 나면
아이들은 저녁도 거르고 쫓아 나갔다
젊은 것들은 지지배배 몰려다니는 재미로
분 바르고 머리 빗고 서두른다지만
농사일에 지친 사람들이야 잠이 최고지

학교 마당 그네 터에 휘장이 쳐지고
오늘도 농사일에 노고가 많으신 여러분
바쁜 일손 놓으시고
위안의 밤을 마련한다는
입담도 한 몫 거들고
대한사람 대한으로 길이 보전하자며
촤르르르 9, 8, 7, 6⋯⋯
휘파람 소리, 밀지 말라 외치는 소리
눈물 없인 볼 수 없다는
갑돌이와 갑순이는 한마을에 살았고
둘이는 서로 사랑했으나 마음뿐
겉으로 안 그런 척하는 건 어쩌면
옆집 옥자 누나를 닮았을까

낡은 필름은 빗줄기처럼 흘러내려도
젊은 것들은 킥킥 웃어대고
벌써부터 졸기 시작한 어린애들도 있다
우리들에겐 뭐니 뭐니 해도
빨간 마후라가 멋져 보이던 반공시대의 주역들
얼굴엔 홍건히 피를 흘리면서도
조종간을 굳게 잡은 채 산화하는 것을 보며
힘껏 박수를 쳤지, 거수경례를 했지
불끈 쥔 주먹엔 땀이 배고
끝을 알리는 자막과 함께
오랜 시간 동안 감사합니다의
입 매김 소리는 듣는 둥 마는 둥
시원한 방뇨를 뿌리며 돌아오던 길

2부

억새 1

어둠을 택해야만 가느다랗게 울었다
어딜 가도 발에 채는 현무암, 그 틈새로
저린 오금 쫙 펴는 날
차라리 섬 전체로 마구 울어보자며

바다를 건너려다 문득
팔 벌려 가로막는 수평선
한라산 첫눈보다 먼저 달려와
그을린 섬을 씻어도
쓰러져 밟히고 일어서서 잘리는
허연 게거품의 슬픈 노동일지라

들도 없이 산이 되는
목 타는 비탈
바람에게 배운
그르럭 그르럭 솥 창을 긁는 허기진 노래가
강이 되고, 구름이 되고
백성이 되고
평화로 어우러져
드디어 열리는 이 땅의 개벽!

억새 2

칼춤을 춘다
밤을 사르는 무녀의 주술처럼
미쳐도 아주 미친 동작으로 칼춤을 춘다
부끄러운 데를 가릴 것도 없이
강간당한 여자들이 일어섰다
은장도를 몸에 품어
우악스럽게 지켜온 순결
한바탕 숨비질로 호오이 호오이
세상 저편으로 뜨겁게 밀어내던 앙금
언제부턴가 치마를 걷어 올리는 역풍
누에 빛 알몸을 노략질할 때
손에 손에 생리대를 들고
깃발처럼 흔들고 있다

억새 3

수화(手話)로 살기가 땀이 나면
옷소매로 쓰윽 훔쳐 내버리고
질기기만 하며 다인 줄 아는
말 모르기 말잿삼촌
자리젓에 콩잎 쌈
어욱 어욱 뭉쳐 먹으며
무모하게 흔들리진 않을 거여
무모하게 흔들리진 않을 거여
열 번씩 열 번
백 번을 맹세하다가도
눌려야 사는 맛이 나는 우리는
흔들린다 비틀거린다 휘어진다 꺾인다

억새 4

제주해협을 건너오는
우울한 시대의
갈기 달린 바람
풍랑에 떠밀려 씨앗 하나 내리고
밤잠 설친 푸숭숭한 기대
또 하나 뿌리 뻗으며
쫓기듯 살아가는 가난한 선비
어디든 깃들어 못 살 리 없겠지만
사람은 누구에게나
살아온 날보다
살아가야 할 날이 더 많기에
긴 목 빼어 연북(戀北)하며
자랑자랑 윙이자랑
역사를 재우고 백의로 종군하는
하, 여기는 유배일번지(流配一番地)

억새 5

절망은 쉽게 하는 게 아니여
씽씽 찬바람
온몸을 발겨 놓을지라도
품은 뜻을 모르는 건 아니지만
자네, 칼을 버리게
용서하게 한 많은 세상
아물 곳은 아물어
피 흘림의 역사, 이제는
되풀이해서는 안 되네
연합군에 쫓기다 쫓기다
항파두성에 숨어
숫돌에 써억 써억 갈아온
복수의 칼
거둘 때가 되었네
달밤에 닫는 삼별초의
말발굽 소리, 소리 지르지 않는
함성은 참았다 참았다
마지막 순간에 뱉어내는
긴 호흡 하얀 파닥임이어야 하네

억새 6

우리는 이미 토종이 아니다
어디서 흘러들어 온 장꾼들이
이 땅의 방언을 깔고 앉아 난장을 벌이며
남는 것은 하나 없고 밑지기만 한다는 적자시대
우리 경제의 집약지 오일시장
밀치는 사람들의 허전한 물결 속에
뒷전으로 처지지랑 말자고
활활 타오르는 헛바닥들 틈바구니에서
그래도 하루살이보다 나은 오일 따라지
언제 찢길지 모르지만
사는 습성에 민감해질 저물녘엔 왠지
빈 가슴을 두드리는 한잔의 눈물겨움
잡종일지도 모른 우리는
어젯밤 꾸었던 꿈을
닷새 후에 걸리는 대목에나 기대한다

억새 7

이곳에서도 억새는 피더군, 방파제 부근
자꾸만 침몰하는 도시의 늪을 떠나
지하상가를 지나 탑동에 오면 몸부림으로
피는 억새야 땅에서만 살 수 있는 게 아니구나
파닥이는 비늘 틈서리에 비늘꽃
포말로 멍이 드는 파도꽃
아 아 그럴 때마다 밤 깊은 줄 모르게
더욱 흔들리는 생리
횟집에서 흐르는 가락 젓가락 가락
포장마차 아줌마 가락 가락지 가락
어느 후미진 응달엔들 가서 못 닿으랴
바람으로 가서 닿고 구름으로 가서 닿고
햇빛으로 사랑으로 가서 닿으면
어쩌겠다는 건가 우리는 대칭으로 흔들리는 걸

억새 8

당신에게 있어 가을은
주름살 하나 더 느는 계절
새벽 창문 빛에 쫓겨 깨어나서는
끈질기게 달라붙는 생활
동문시장 한 귀퉁이에 헤쳐 놓으면
조반도 거른 허기쯤
국화빵 몇 개로 꾹꾹 눌러 죽이며
본전 아쉬운 시장바닥
닳으면 닳았지 더 불지 않는 돈을
앞에서 세고
침 퉷퉷 발라 거꾸로 또 세고

온종일 지켜 앉아
더러는 졸기도 하던 시간들을 거둬 이고
떨이도 주워 담아 질척이는 귀로(歸路)
이빨 돋을 자리가 간지러운
손주 녀석의 재롱을 감당하지 못해
구멍가게에 들러 눈깔사탕도 몇 개 산다

엽신 1

이대로 돌아갈 순 없습니다

반년 동안 애써 지은 콩 팔아 싸들고

전공서적 담고 시십도 몇 권 챙기고

그것으로도 모자라 궤 속 깊은 구석

곰팡이 낀 냄새마저 그러모아

멀지만 가깝게 닿아버리는 거리

이곳으로 떠나오던 날

어머니는 실업자일 나가시고

아우 녀석은 언제 올 거야 언제 올 거야 추궁하지만

돌아오지 않으리라

금옷 입기 전에는 돌아오지 않는다고

문전상 앞에 거듭 다짐하면서

대물려 받은 가난

원도 많은 가난 훌훌 떨치려

없는 이력 적어 들고 내미는 구걸

그게 어디 사람 하는 짓이냐고

턱주가릴 내밀어도

몇 알의 진통제로 눅일 수 없는

만성의 허리통증

반노의 허리에 통증이 밎는 날

이 배반의 땅을 버리고 빈손일망정

덜레덜레 돌아가겠습니다. 하지만 아직
이대론 차마 돌아갈 수 없습니다. 어머니

엽신 2

물 설은 객지라 그리움이 일 때면
고향집 장독대 마늘장아찌
그보다 더 찌드신
당신의 삶을 그립니다

배운 것 없고 들은 것 짧아
남들 다 걷어찬 밀감나무를
이제야 심으시며
밀감금아 똥금되지 마라
낮술에 잔뜩 취해
바다가 육지라면과 섞어 부르시고
디프라탄이라든가 다이센엠 45
외우기가 힘겨우면
유 아라 티처
너만 아라 뒈져

오늘도 과수원 밀감나무 사이
뜨고 접는 비행기 속 나를 기다려
침침한 눈으로 뒷짐 지고 바라보실 아버지
경운기 벨트에 내어준 손마디
더욱 아려오는 계절에

벙어리장갑만큼도 감싸드리지 못하는 불초
이 한 편 상서(上書)로 얼버무립니다

엽신 3

〈김일성 피격사망〉
성급한 호외신문을 주워들고 기어드는 지하철
손잡이에 매달려 오가는 일상의 되풀이가
가끔은 요렇게 웃음거릴 필요로 할지도 몰라
금강산댐 수몰지역 사람들이
졸음처럼 밀려들고
멎었던 역에서 하품처럼 내뱉으면
알고 있을까 저들은 어디로 흘러야 하는가를
잠시 멈추는 것은 생각하기 위해서가 아니라
환청 때문이었을 게다 너무도 갈망하던
그래서 아직은 무던해버린 제재소 할아버지
보청기를 고쳐 꽂아 전기 톱질을 계속하고
무심히도 사람들은 화살표 방향으로 흘러간다
송두리째 저당 잡힌 1986년 가을
엄밀히 말해서 11월 17일

엽신 4

내 어릴 적 꿈은 기술자였단다
우리나라에서 제일 큰 공장인 줄 알았던 정미소에서
커다란 바퀴를 돌리면 탕 탕 탕 탕 돌아가는
기룡이 형님 같은 기술자가 되고 싶었단다
정미소 옆 연못가에 쭈그려 앉아
개구리밥을 고무신짝으로 걷어 올리며
이담에 육지로 나가 공장에 취직해야지
중호 삼춘처럼 서울말 쓰는 여자도 꼬셔오고
명절 때면 고향방문단의 모습으로
집 앞에 택시 세워 거들먹거려야지
거대한 음모가 자행되는 도시 속
유년의 종이배 저만치 떠내려가고
쳐다보기만 해도 멀미하는 경제성장의 건물 그래프
주간지를 깔고 앉은 한강변에서
낚아 올리는 피라미처럼 바르르 떤다

엽신 5

새로운 땅에서
날렵한 말투로
몸속 노폐물까지
완전한 자리바꿈
거친 때수건으로 박박 문질러
4반세기를 키워 온
섬의 찌꺼기도 말끔히 밀어내면
벌겋게 달아오르는 살갗
부끄러움입니다, 섬에 산다는
그런 부끄러움이 아니라
대륙성기후에 적응하지 못하고
섬의 습성대로만
굳어진 흉터 자국
섬 것은 섬 것일 수밖에 없다는
그런 부끄러움입니다

산촌분교 방문기

1. 찾아 나서는 길

값싼 동정으로
한 보따리 짐을 챙겼다

시찰단의 모습으로
베풂의 현수막을 양옆으로 늘여 잡고
흘리는 땀까지도 위함이라 우겨대며
따사로운 아량의 가슴패기론
그들 생활의 절반 크기를 도둑질한 것만큼이나
짊어질 수 있을까
짊어질 수 있을까

단지, 굴레의 미끄럼대를 타고
교묘하게 빠져나와
잠깐의 외도(外道)를 위한다는
사치스런 옷을 주섬주섬 주워 입고
동정의 색깔을 까뒤집어 놓고는
그들을 탐하지 말아야 한다고 하였다

만성이 되어버린 뇌리의 영양실조를 더듬어

균열이 가는 아스팔트의 팔매질을 피하여
찾아 나서는 이들에게 맨 처음 반겨드는 건
둘러친 봉우리보다 높게 솟은
분교 게양대의 태극기가
가소로운 웃음을 흘리는 거다

2. 사람들

이런 산골에 살고 있으믄
이 땅 토백이인 줄 알것지만
그렇지 않은 기여
그래도 한창 땐 사업한답시고
돈푼께나 만졌었제
허나, 사람 팔자라는 건
삼복더위에 개팔자 같은 거라서
몽창 날려부렀던 거여
밭떼기 부쳐 먹던 것마저
아주 버리고 떠날 거여
돈이 웬수제 웬수야
뜬다 뜬다 하는 것이
이내 십년이 넘었구먼

딸애는 촌년이 되기 싫다며 서울로 튀고
큰 아들놈은 소몰이가 시원찮은지
육지에 있는 지 삼춘하고 배를 타는 기라
이제 남은 건
우리 늙은 여편네랑
어린 것 몇뿐이제
어렵게 어렵게 땅이나 일구고 앉았을
그럴 필요도 없는 기고
어린 것 과외공부 시켜가며
애쓰게 지켜 갈 아무 욕심거리도 없다 이거여
어둠에 피고 아침 해에 떨어질 이슬꽃 마치
흘러가다 산등성이에 걸리는 구름처럼
잠깐 머물고 있을 뿐이여
돈이 없어서 그렇제
돈만 있으면야
아쉬운 거 하나 없이
떠날 거여
글쎄 떠난다니께

3. 아이들

프로야구의 공방전은 알지 못한다
빙그르 돌려먹는 아이스크림도 모른다
더욱이 과외공부가 뭔지는 전혀 모른다
히죽이 웃어대는 얼굴이사
세수야 했건 안 했건
낯선 사람을 대해도
유괴범인 줄도 모르는 바보들이다
아버지가 빨간 구두를 사준다기에
생전 처음 따라나섰던 시내는
그들에겐 큰 자랑거리가 된다
차를 몇 번 타 봤는지도 소용이 된다
늦게 밝고 일찍 저무는 산천은
분교 선생님과 더불어 공기놀이 벗이 되고
공기놀이가 지치면
어느 동정가가 보내줬을 줄넘기 몇 개가
그들의 벗이 되어 같이 넘어 돌았다
고무신짝을 바꿔 신었어도
바로 신는 법을 배우지 못했지만
봉우리처럼 높은 꿈으로

삼나무처럼 푸른 마음으로
교실 벽에 붙은 먹글처럼
'높고 푸른 금수강산'임을 안다
그렇게만 아는 것이다.

4. 돌아오는 길

다시는 찾지 않으려네, 이 후미진 산촌
늦잠에서 깨어나는 아침은 너무 맑아
도리어 불안한 이슬방울들
가야 하네, 눈 비비며
땅속 하 많은 날들의 굴레로 기어드는 뱀처럼
긴 동면의 오염된 햇빛을 피한 그늘에 웅크려
허물 벗는 작업이야 못 하랴만
하얀 와이셔츠를 더럽히는
때 묻은 아이들 손이 귀찮은 거라네
계산 술을 권하여 매수하는 사기꾼의
능글맞은 주판알을 피하여 가야 하는 거라네
말로는 이담에 다시 찾아오마고
차마 돌아서지 않는 발길로 아쉬운 듯
아쉬운 듯 새벽차를 쫓아 달려가지만

윗도리 단추 코가 엇갈리게 잠기는

아! 이 서두름의 길을

다시는 찾지 않으려네

공동묘지 소묘

1. 명당자리 잡기

자손이 없어 가맥(家脈)이 끊이지 않게
좌(左) 청룡(靑龍)이 잘 잡혔는가 보아라
우(右) 백호(白虎)도 튀어나지 않으면
가운이 빈한하는 것이여
앞 쪽 주작(朱雀)의 물줄기가 잔잔해야
집안이 평온하고 화목한 법이다
뒤 현무(玄武)도 두드러져야 하느니라

방사리 넓은 벌에
두어 평 남짓한 봉분을 올리고
잔디 입혀 다진 것이
우리네 집일세
살아생전 돈 주고 얻은 직함을 새겨
문패보다 더 크게 비석을 세우고
산담 둘러 울마저 만들고 나면
다섯 살배기 어린 것을 두고 온 게
걸리기는 하다만
허기도 추위도 잊고
벗들도 한잔 술을 나눠 마시고

돌아가버린 시간
시(詩)만을 생각할 수 있는 이 자리가
명당은 명당일세

2. 졸지에 아비 잃은 아이

억수로 비가 내리던 날
싸락눈마저 덤으로 흩뿌리던 날에
아기라고 하여 좋을 아이는
제 아비를 묻었다
저승 가는 노잣돈을 빼앗긴 게
하도 서러워
엄마도 울고 삼촌들도 울고
여남은 장정들도 모여들어
삽 등으로 봉분을 다지고 나서
빙 하게 둘러 앉아
너 한잔에 잊어버리고
나 한잔에 웃어버리고
쉽게들 털어내며 떠난 자리에
어린 것만 남아서 울질 못힌다
이제는 술잔을 올리고

절을 할 차례인데도
왜 이리 눈물이 나질 않느냐
검은 리본에 싸인 국화꽃이
상석에 엎드려 울고
내리는 비가 눈물 되어
아이를 울리고
드디어 눈물처럼 어둠이 내릴 무렵

3. 소분하던 날의 후렴

얼마나 커 버렸을까
다섯 살배기 어린 것
잔디는 잔디끼리 뿌릴 디밀어
봉분을 꽉 덮은 주름진 세월
중학교 체육복을 입은 아이는
산담에 걸터앉아
아빠하고 나하고
마안든 꼬옷바테
휘파람을 불더이다
그래도 요 녀석을 두었던 게
커다란 힘이 되어

상석 앞에 엎드려 잔을 올리더이다

팔을 걷어붙여 절을 하더이다

방사리 넓은 벌

예초기 소리만을 남긴 채

놓치고 싶지 않은 프로야구 중계

바삐 돌아서는 아이 뒤로

통정대부(通政大夫) 강공지묘(姜公之墓)

덩그러니 서 있더이다

3부

고향 이미지

기댈 곳 있어야겠다고
알몸일 때에도 호주머닐 더듬는 이유 하나로
돌아갈 곳이 있다는 건
얼마나 가슴 벅찬 일인가
빼앗길 것 죄다 빼앗기고
빈털터리 맨발로 터덕터덕 돌아간대도
비워둔 자리는 그대로 남아있어
포근한 자장가를 준비하는 곳

세월의 길이로 따진다면야
나고 자란 세월보다 떠나서 보낸 세월이
더 길지라도
그래서 더더욱 뭉클하게 다가오는
그리움의 맨 끄트머리
자랑거리란 게 뭐 있겠냐만
숭숭 뚫린 돌담 인정처럼 달라붙고
서걱대는 댓잎 소리만 들어도
선뜻 들어서 익숙한 집일 것 같은
결국은 돌아갈 곳, 돌아가서 깃들 곳

생말타기

비 오는 날이라고
가만히 있으면 좀이 쑤시는 성미
운동장을 빼앗긴 아이들이
교실 한편에서 생말타기를 한다
쟁겹이보실보실개미또꼬망
비튼 손을 깍지 끼고 위로 돌려
그 틈새로 바라보는 하늘은 짓눌려 있었고
편을 가르고 등을 굽으면
말갈기 휘날리며 달리는 만주벌판
어느새 아이들은 독립군이 된다
말아, 짜부가 되지 말고 버티어라
준마가 아니고서는
건널 수 없는 식민지의 강
아 아 드디어 시작종이 울리는구나
우리들의 현실은 슬픈 분단조국
그래도 가야지 쉬엄쉬엄
허리의 통증을 다독이며
뿌연 먼지를 일으키며
흙 자갈길 내닫는 어린 통일 역군아

이장(移葬)

할아버지, 당신을 처음 뵌 건
서럽기만 하던 땅 슬픈 잠자리
관(棺)도 없이 아무렇게나 묻혔다가
조용해진 세상 따라 비로소
누울 자리를 찾아 떠나시던
이장(移葬) 때였습니다
흩어진 유골을 짜 맞추고
광목으로 칭칭 동여매면서
가슴팍에 배어나던 붉은 액체를 보았습니다
죽창에 쓰러지던 역사의 신음을 들었습니다
망헐 놈의 영감, 망헐 놈의 영감
할머님의 통곡을 붙잡고 고모님이 통곡하는
할아버지 귀소 길에
주소를 지어드려야 할 텐데
문패라도 달아드려야 할 텐데
잊힐 만도 하건만
더욱 또렷이 살아오는 할아버지 역사
이제 돈독한 봉분을 올리며

섬과 바다 사이에서

차라리 저놈의 바다
섬이라도 깎아 메꿔버릴까 부다
방풍나무만으로 가림하기엔
밑동이 통째로 뽑힐 것 같던 밤을
친구여, 기억하는가
밤마다 가위눌려 벽을 긁던
허기진 그리움이 부딪쳐 포말로 부서지며
서로가 외면하여 돌아누운 밤
어둡고 외진 데를 골라 짚으며
분단의 금을 넘는 바람들이
지나치게 무모한 건 아니기에
새벽은 어차피 오는 게 아니기에
우리에겐 끝끝내 건너야 할 밤이잖느냐
중산간 어느 구석엔들
아픔 드리우지 않은 초가나 돌담
풀포기 하나 있을까마는
그래서일까, 이 섬은
쉽사리 용서하지 못하는 건조한 땅

바람 따라 표류하던 가슴들
집 줄처럼 꽁꽁 동여매고
여기까지 흘러왔구나
섬과 바다가 저렇게 맞닿은 걸 보면

초가

사는 방법에 있어선 다소
서툴러도 좋아라
되도록 바람 덜한 곳
납작하게 이마를 맞대어
비상하고 싶은 꿈
줄 꼬아 꽁꽁 묶어두고
억울한 것 있더라도
그냥 어울리는 것으로
사는 재미 일구며
숙명처럼 엎드려
땅 밑만 보며 산다

새가 남긴 연가

새는 되지 말자
아무 때나 턱없이 울어 바치는
값싼 사랑의 새는 되지 말자
기댈 곳 없어도
이미 있었던 약속처럼 꼭 그만한 거리
수세식에 씻긴 국토의 배설물 섬아
기억도 싫고 말하기도 싫은
외할아버지의 죽음은 우화(寓話)의 시대
냄새나는 섬의 역사였음을 너는 알 거다
제사상머리에 달라붙는 분노
개잔 술로 돌려가며 틀어막아도
뿌리 깊은 상처는 흉터로 변해
둥둥 떠도는 전설로나 남을까
단 한 번의 거대한 울음
뜨겁게 뜨겁게 이 땅과의 밀착을 위해
제 혼자만의 자유를 찾아 둥지를 박차는
새는 되지 말자꾸나 섬아

남도에서 쓰는 편지

더 갈 수 없구나 섬의 끝
산맥도 발을 오므리고
횡단도로도 폭포도 모두 끝나버리는
우편번호는 육구칠에 뭐드라?
폐품이 되어버린 사투리를 동봉하여
수취인 불명의 편지를 쓴다
저 바다는 우리 편이 아니야
아니야가 아니야 아니야
휴전선 철책처럼 완고한 고집으로
살피를 두르고 버티어 섰구나
전선의 이상 유무는 당분간 묻지 말라고
군사우편 소인 찍힌 편지를 쓴다
더 갈 수 없는 섬의 끝
아니, 반도의 끝에 서서

풍뎅이 놀이

- 마당쓸라 손님왐쩌
- 마당쓸라 손님왐쩌

다리몽댕이 모두 분질러 놓고
네가 놀던 고향 하늘이나 보고 누워라
대륙이나 날아다닐 근육질의 날개
섬에서 붙잡혀 마당이나 쓸어라
관광호텔 유리창에 박치기나 하여라
힘없는 주인이
손님에게 드리는 깍듯한 헌신(獻身)

친구 희관에게

농고 원예과를 나와
보고 들은 거라고 해봐야 뭐 별다른 게 있을까만
농민후계자 자금 얻어
쇠귀신처럼 일하리라 우신농장(牛神農場)
떠억 하니 국화하우스 넉 동 지어놓고
쟁쟁한 땡볕쯤 땀으로 토막 내며
웃통도 벗어부쳐 삽질을 해댄다
고무줄로 동여맨 라디오
잡음 토하며 저 혼자 밭 구석에서 뒹굴고
반주로 먹은 술기가 오르면
가사가 좀 뒤바뀐다고 어떠랴
매화타령도 외울러 보고
이파리에 희뜩희뜩 백수병
새치처럼 번져들어 낫으로 갈길 때면
썩을 놈의 농사 집어치운다고
서푼짜리 입 풀칠이야 못하겠냐며
살붙여 사는 아내마저 비웃지만
가슴 넉넉히 파고드는 흙냄새 때문에
암만해도 이 짓만은 버리지 못해
어둑새벽 경운기를 몰아
농장으로 치닫는 농사꾼 희관아

개망초

흔들리고 있어요 맨발로 서서
타협의 악수쯤
완강히 거절하면
쓸모없는 건 뽑아버려야 한대요
외진 땅을 훑으라는
식민지시대
배고픈 이산(離散)의 역사

화전민을 따라 나선 게
죄라면 죄이지요
덜컹이는 바람 끝에
끌려온 유배

잔뿌릴 다듬으며
악으로 살았죠
원래부터 소금기 많은 눈물
남루한 가래침밖엔
나오질 않대요

받을 건 많지만
주기부터 하재요

어머닐 부르는 소리끼리
서로서로 체온을 나누는
눈물겨운 들동네

낙엽

스스로의 무게로
지탱 못할 바엔
아예, 떨어져 버리자

몇 날을 가지 끝에
감금당한 채
잊어왔던
자유

계절을 깨달아 가는
아! 시여

무명초의 노래

1.

꽃 되어 외치지 못한
혀끝의 아림은
스무 남은 해를 다스려가는
맺힌 멍울이던가

풀과 풀 사이
호래자식으로 태어나
이름 석 자 얻어갖지 못한 채
저만치 물러나
없는 듯 꼭꼭 숨어 지내라고
일러준 그날부터
가녀린 팔뚝으로
닫힌 하늘을 마구 두들겼다
내게도 향기를 달라고
내게도 이름을 달라고

2.

긁힌 생채기에 자리한

한 됫박 피고름을
양 손톱으로 꾹꾹 눌러
구멍이 뚫리도록 짜내어 볼거나

3.

아! 이런 짓이
어머님에겐 불효가 될지 몰라
밤이면 밤마다 깨어나
시(詩)를 도둑질하는 몽유증은
다음날이면 파리해진 모습으로
아침을 거르는 행위가
어머님에겐 불효가 될지 몰라

4.

버려진 들녘에
찢어진 가난이라도 꿰매며
그렇게 살고 있어라
일어서는 통증이 심하면
앉는 연습을 하고

펴는 힘이 부족하면
굽히는 동작부터 하는 거다
더 남루해질 것이 없거들랑
몽근 손마디라도 꺾어 빨면서
그렇게 살고 있어라

겨울나기

겨울에도 얼지 않고
무사한 것들은 대단하다
살아서 쉼 없이
꿈틀거리는 것들은 더욱 위대하다
떨굴 것들
아쉬운 거 하나 없이 죄다 떨구고
이제는 돌아와 연을 만드는 할아버지
젊은 날 만주 길림성까지 가서도
떠억 하니 금의환향 놓쳐버린 한(恨)
수리대를 다듬으며 연을 만든다
고질적인 기침도
연줄에 실어 날려 보내고
뱅뱅 감장 도는 연을 끌어당겨
버릇줄을 고쳐 매주기도 하고
신경통으로 저려오는 어깨
가끔씩 추임새로 풀어보면서
청자 담배 한 갑에
연을 만들어 주시는 현씨 할아버지

나의 시

은밀한 곳에서의 나의 습진이
끝나질 않는구나
언제부터 시작된 건지 잘은 몰라도
나잇살이나 먹어가지고
부모님에게 보이기도 그렇고
가장 깊숙한 응어리에 붙어
피나게 긁어도 다하지 않는
밀착된 가려움

해와 달이 된 오누이

오늘도 어제처럼
해 지면 달, 네가 살아온다, 누이야
편한 잠 꿈꾸는 이웃들의 밤을
우리, 무엇으로나 채워줄 수 있겠냐만
헌 거적때기 같은 달빛이라도 마련하자
하 많은 별들 중에서 제 몫 하나 없이
질퍽한 바람벽에 머리 박치며 사는
그런 사람의 창가에 다가서면
덮어줄 수 있겠지 그들의 살과 뼈
떡 하나만 주면 안 잡아먹는다고
절대로 안 잡아먹는다고 믿고 싶은 그들에게
세상은 속이는 사람보다 속는 사람의 편임을
튼튼한 동아줄을 내려주는 까닭을
꼭 설명하지 않아도 되겠지
지친 새벽 찬 이슬로 돌아올 너를 위하여
나 여기 온 밤을 살라 만든
햇덩이 하나로 찬란히 솟아오르면
가 닿지 못하는 어느 후미진 구석
하아, 그곳이 우리가 쉴 터 아니겠느냐, 누이야

사모곡

작더라도 들풀처럼

서로 몸 기대며

키 재는 재미로 살자 했는데

탯줄 받고 자란 줄을

멀리 떠난 것들은 기억할까 몰라

치솟는 마늘종 분지르다 말고

억장 무너지는 가슴

주먹으로 다독여 잠재우고

힘줄 돋운 질경이처럼

퍼질러 앉아 바라보는

먼 데 도두봉, 그 너머 수평선

실눈으로 바라보다 눈두덩 달아오르면

혹시나 오늘쯤 기별이 올까 몰라

소나무 삭정이 뿌득뿌득 꺾어

수제비 끓여 자식 몫은 따로 두고

국물만 후룩이고 계실 어·머·니

방아깨비

튼튼한 근육질의
날개나 마련해 둘걸
속살이 내비치는 스타킹 같은
이놈의 날개론 비상의
꿈을 꿀 수가 없지
때론 독하게도 살아봐야 하는데
그대보다 연한 풀 이슬이나 씹는 것으로
멍든 가슴색의 똥이나 떨구며
먼산바라기로 푸득푸득 시도해보는
이놈의 날갯짓으론 언제 찢길지 모르지
어차피 대물려 온 가업(家業)이라면
송곳 같은 머리빡은 뭣 하러 키우나
풀리지 않는 더듬이 짓이언정 차라리
반만 번만 절을 하라 절을 하라
말축말축 심방말축아

선인장

설 수 있다는 것은
물의 냄새가 나는 증거다

흐르다 고이는
그 영역쯤에서
이파리를 바수어
울을 만들고
새끼를 쳐가는 보람으로
빗금 치며 빗금 치며
갈증을 견디는

탄소동화작용

목에 핏발이 서도록

태양의 유즙(乳汁)

빨아 마신다

야윈 목숨이 아니더라도

유혈 낭자하게

빤다, 빨아

빛 모두면

녹일 수 있을까

시린 발들

밤엔

되새김질하며

거울 앞에서

부질없어라
그대 앞에선
다투며 쌓아 온
우리들의 살과 뼈

탐내지 않으면서
거부하지 않고
받아들이되
간직하지 않은 채
정직하게 드러내는
일대일 대응

목 타는 계절의 습작기

어디를 기웃거려본들 뾰족한 수가 생기랴
어디선가 탈출해 온 사람들처럼
덜컹이는 유리문을 힘주어 젖히면
바람이 먼저 챙겨들어 술좌석에 마주하고
앉았던 의자를 내미는 목마른 벗들
"외상술 한잔 마셔도 되쿠가?"
"게매이! 게민 경허여."
김치 한 보시기보다 푸근한
아줌마의 인정을 안주 삼아 마시다 보면
놓쳐버린 막차는 차라리 다행이었다
바람이 불 때마다 벽은 펄럭이고
술잔을 들 때마다 몸도 펄럭이지만
우리여, 우리들의 의지는 지조 있게 펄럭이자
은밀한 모의를 진행하듯 부딪는 술잔 속에
분노와 다짐은 실처럼 엉키고
석쇠에서 지글거리는 어류성 고갈비에서
밤 깊도록 잠들지 못하는 눈알을 본다
쭉 늘어선 횟집의 〈일식전문〉 입간판만 보면
발길질을 하고 싶다는 후배 녀석의 주정도 아우르며
이력서에 적힐 수 없는 주량을
어둠 속에 거만한 관광호텔의 담벼락에 방뇨한다

매미 울음을 닮기까지는

겨냥을 모르는
어설픈 몸짓

껍질을 벗어 던진 탓에
거들어 울어 줄 벗이야
있건 없건
넘치면 덜고
모자라면 채워가며
온몸을 목청 삼아
울지 않고는 못 배기는
천형(天刑)의 슬픈 유머

우화(寓話)

굳작허게 크는 낭은
인칙 비어 가분댄 허영
오글랑 대글랑
뒈와지멍 크당 보난
뽄 좋은 낭이랜
오꼿 옴파가 부러라게

바다에 이르기까지

수없이 지나쳐 온 시간 동안
잊힌 듯 계절은 말없이 피어나고
지금쯤
산과 들녘 어디엔들
영글어 터지는 풍요가 없으랴만
가슴마다 간직하여 다듬어 온
'사랑'이란 이름의 탄탄한 돛대를 세웁니다

얼마나 흘러 왔을까 굽이굽이
밤새워 처렁처렁 소리도 질러보고
가끔은 소용돌이 틈서리에 휘말리면서도
넘치면 덜고
모자라면 채워가며
이 지혜를 깨닫기까지

세월을 쓰다듬어 흘러 온 그 길이만큼
서로는 성숙하고 있었기에
큰 바다로 나서는 지금
아무 말 없어도 애틋함이 번지는 시간

두 손 맞잡은 바람의 끄트머리까지

흔들림 없이 한곳을 응시하겠습니다
파도에 휘감겨 돌지라도
넉넉히 드리운 마음 아로새기며
긴긴 여로(旅路)의 실타래를 풀겠습니다

1992

2018

1992

———

발문
오성찬

2018

———

해설
고명철

〈발문〉

오성찬

  나는 시(詩) 읽기를 좋아하지만 그저 혼자 읽고 느
낄 뿐이었지 그 감정을 체계적으로 정리하는 일은 부
담스러운 일이었고, 또 해보지도 않았던 일이다. 그
런데 숱한 시인들을 내버리고 하필 나에게 이런 버거
운 짐을 지우는지 모르겠다.

  그래서 내가 정색을 하고 사양했을 때 그 담당자의
내게 보내오던 당황스런 시선이라니.

  이미 그들은 강덕환의 시집을 내기로 결정을 내렸
듯이 내게도 발문을 씌우기로 '결의'를 내려버린 모양
이었다. 그 친구의 당황한 시선을 대했을 때 나는 내
게 지워진 이 짐을 벗기가 어렵겠구나 속으로 계산하
고 있었다.

  골고다로 향하던 예수의 십자가를 애꿎은 구레네
시몬이 질 수밖에 없었던 것처럼, 세상에는 살다 보
면 억지로 지워지는 영광된 짐들도 없지 않은 모양
이다.

강덕환의 시를 읽으면서 얼른 떠오르는 같은 길의 선배는 김용택 시인이었다. 이미 김 시인은 탁월한 감성과 짙은 애정으로 우리 농촌의 서정과 비애를 읊은 바 있거니와 강덕환의 시에서도 같은 느낌을 받게 된다.

강덕환의 시에는 '이야기'가 있다.

가난하고 슬픈 우리 농촌의 현실이 구절마다 진득하게 묻어 있다.

어려서 세상을 떠난 아버지와 어질고 부지런한 어머니, 가련한 누이, 그리고 어릴 적 끌고 다니며 신었던 다이야표 고무신 등 섬 농촌의 현실이 눈앞에 리얼하게 되살아난다.

그리고 그 시에는 화사한 아름다움보다는 4·3으로 멍든 가슴들이 있고, 얼씬거리는 어두움과 은근한 아픔이 내재해 있다.

그리고 그는 시를 통해 자기의 자서전을 쓰는 것 같이 보인다. 물론 동시대 같은 고장의 상징적 자기로서.

억수로 비가 내리던 날
싸락눈마저 덤으로 흩뿌리던 날에
아기라고 하여 좋을 아이는
제 아비를 묻었다
저승 가는 노잣돈을 빼앗긴 게
하도 서러워
엄마도 울고 삼촌들도 울고
여남은 장정들이 모여들어

삽 등으로 봉분을 다지고 나서

빙 하게 둘러 앉아

너 한잔에 잊어버리고

나 한잔에 웃어버리고

- 〈공동묘지 소묘〉 부분

상두꾼들은 모두 돌아가버렸는데 "어린 것은 남아서 울질 못한다"는 게 이 공동묘지 소묘의 마지막 부분이다. 그리고 20여 년이 지난 다음에 이 아이는 자라서 아버지가 누운 그 명당으로 가서 "시(詩)만을 생각할 수 있는 이 자리가 명당은 명당일세"라고 자위하고 있다. 시를 사랑함이다.

'다섯 살배기 어린 것', '중학교 체육복을 입은 아이', 20여 년이 지난 다음에 소분하러 간 청년, 그것은 아마 시인의 분신일 터이다.

그러나 그의 시에서는 절망하지만은 않았던 어린 시절의 소묘도 등장한다.

비튼 손을 깍지 끼고 위로 돌려

그 틈새로 바라보는 하늘은 짓눌려 있었고

편을 가르고 등을 굽으면

말갈기 휘날리며 달리는 만주벌판

어느새 아이들은 독립군이 된다.

말아, 짜부가 되지 말고 버티어라

준마가 아니고서는

건널 수 없는 식민지의 강

아 아 드디어 시작종이 울리는구나

우리들의 현실은 슬픈 분단조국

그래도 가야지 쉬엄쉬엄

허리의 통증을 다독이며

뿌연 먼지를 일으키며

흙 자갈길 내닫는 어린 통일 역군아

- 〈생말타기〉 부분

'편을 가르고 등을 굽으면 말갈기 휘날리며 달리는 만주벌판', 여기서 어느새 아이들은 독립군이 된다. 역사책에서, 혹은 드라마에서 간접적으로 얻은 독립군에 대한 어설픈 지식만으로 그들은 스스로 독립군으로 태어나는 것이다. 그래서 '준마가 아니고서는 건널 수 없는 식민지의 강'이지만 슬픈 분단조국을 '그래도 쉬엄쉬엄 가야 하는' 것이다. 그에게는 이것이 어린 통일 역군에게 지워진 의무라고 여겨지는 것이다.

섬의 시골 농촌에서 태어난 아이지만 그 아이는 하늘을 나는 비행기를 보며 꿈을 키운다. 그 꿈을 실현하기 위한 노력도 한다.

내 어릴 적 꿈은 기술자였단다

우리나라에서 제일 큰 공장인 줄 알았던 정미소에서

커다란 바퀴를 돌리면 탕 탕 탕 탕 돌아가는

기룡이 형님 같은 기술자가 되고 싶었단다

정미소 옆 연못가에 쭈그려 앉아

- 〈엽신 4〉 부분

꿈을 실현시키기 위해서는 고향을 떠나야 했다. '성공하는 길=떠나는 길'. 이것은 이 나라 모든 시골 사람들에게 공통된 등식이었으니까.

이곳으로 떠나오던 날
어머니는 실업자일 나가시고
아우 녀석은 언제 올 거야 언제 올 거야 추궁하지만
돌아오지 않으리라
금옷 입기 전에는 돌아오지 않는다고
문전상 앞에 거듭 다짐하면서
대물려 받은 가난
원도 많은 가난 훌훌 떨치려
없는 이력 적어 들고 내미는 구걸

- 〈엽신 1〉 부분

그러나 그는 떠나와서도 버리고 온 고향 마을, 농촌을 버리지 못한다. 어쩌면 그것은 그에게 운명 같은 것인지도 모른다.

물 설은 객지라 그리움이 일 때면
고향집 장독대 마늘쌍아씨
그보다 더 찌드신

당신의 삶을 그립니다

(중략)

오늘도 과수원 밀감나무 사이

뜨고 접는 비행기 속 나를 기다려

침침한 눈으로 뒷짐 지고 바라보실 아버지

경운기 벨트에 내어준 손마디

더욱 아려오는 계절에

벙어리장갑만큼도 감싸드리지 못하는 불초

이 한 편 상서(上書)로 얼버무립니다

- 〈엽신 2〉 부분

　그리고 그는 고향의 아버지, 어머니, 누이와 친구 등 고향의 사람들을 잊어버리지 못하는 것뿐 아니라 '대륙성 기후에 적응하지 못하는' 섬의 습성대로만 굳어져 버린 '섬 것은 섬 것일 수밖에 없다는' 그런 부끄러움에 떨어야 한다. 이 또한 운명이었고 그걸 극복하려 몸부림치고 있는 것이다.

　그래서 그는 낯선 타향에서 헤매며 시를 습작한다.

어디를 기웃거려본들 뾰족한 수가 생기랴

어디선가 탈출해 온 사람들처럼

덜컹이는 유리문을 힘주어 젖히면

바람이 먼저 챙겨들어 술좌석에 마주하고

앉았던 의자를 내미는 목마른 벗들

"외상술 한잔 마셔도 되쿠가?"

"게매이! 게민 경허여."

- 〈목 타는 계절의 습작기〉 부분

   사람 좋은 아주머니에게 외상술을 사 마시며, 습작기 낯선 거리를 헤매면서 그리운 것은 고향의 어머니와 누이다. 그래서 이들을 읊는 목소리는 더욱 애절하다.

작더라도 들풀처럼

서로 몸 기대며

키 재는 재미로 살자 했는데

탯줄 받고 자란 줄을

멀리 떠난 것들은 기억할까 몰라

(중략)

소나무 삭정이 뿌득뿌득 꺾어

수제비 끓여 자식 몫은 따로 두고

국물만 후룩이고 계실 어·머·니

- 〈사모곡〉 부분

오늘도 어제처럼

해 지면 달, 네가 살아온다, 누이야

(중략)

지친 새벽 찬 이슬로 돌아올 너를 위하여

나 익기 온 밤을 살라 만든

햇덩이 하나로 찬란히 솟아오르면

가 닿지 못하는 어느 후미진 구석

하아, 그곳이 우리가 쉴 터 아니겠느냐, 누이야

- 〈해와 달이 된 오누이〉 부분

그러나 그의 관심은 비단 가족사에 얽매어 있지는 않다. 섬의 한스런 역사에 대한 사명감도 갖고 있으며, 섬의 변화와 한계 극복을 위한 몸부림도 있다. 이것은 그의 시 작업에 있어 앞으로 지속적인 과제일지도 모른다.

더 갈 수 없구나 섬의 끝

산맥도 발을 오므리고

횡단도로도 폭포도 모두 끝나버리는

우편번호는 육구칠에 뭐드라?

폐품이 되어버린 사투리를 동봉하여

수취인 불명의 편지를 쓴다

저 바다는 우리 편이 아니야

아니야가 아니야 아니야

- 〈남도에서 쓰는 편지〉 부분

가슴팍에 배어나던 붉은 액체를 보았습니다

죽창에 쓰러지던 역사의 신음을 들었습니다

(중략)

잊힐 만도 하건만

더욱 또렷이 살아오는 할아버지 역사

이제 돈독한 봉분을 올리며

- 〈이장(移葬)〉 부분

이런 여러 가지 가능성에도 불구하고 나는 아직 그의 시에 대해 불만이 있다.

우선 시를 빚는 기술 면에 있어서 아직 세련미가 덜하고, 투덜거리는 대목이 없지 않기 때문에 읽으면서 걸리는 데가 있다. 나는 그 이유를 그의 일로 인한 부산함 탓이라고 여기고 싶다.

군데군데 담아놓는 '제주어(濟州語)'의 사용도 충분한 공감을 얻어내기까지는 많은 수련이 있어야겠다.

그러나 그는 언젠가 시인으로서 제주와 제주도 시골의 정서를 충분히 승화시켜 놓으리라 확신한다. 그에게는 다음의 시에서 보는 것처럼 끈질긴 애정과 끈끈한 끼가 있으므로.

은밀한 곳에서의 나의 습진이

끝나질 않는구나

언제부터 시작된 건지 잘은 몰라도

나잇살이나 먹어가지고

부모님에게 보이기도 그렇고

가장 깊숙한 옹어리에 붙어

피나게 긁어도 다하지 않는

밀착된 가려움

- 〈나의 시〉 전문

제주의 삶의 리듬, '우화의 시대'로부터 '역사의 시대'를 타넘는

고명철(문학평론가, 광운대 교수)

강덕환의 첫 시집 《생말타기》가 1992년에 출간되고 2018년에 복간을 맞아, 나는 《생말타기》에 대한 해설을 덜컥 맡았다. 사실, 나는 몇 년 전 강덕환에 대한 작가론(〈강덕환의 시 지평: 제주, 평화, 인류의 미래적 가치〉, 《리얼리즘이 희망이다》, 푸른사상, 2015)을 발표하면서 그의 시 세계 전반을 살펴본 적이 있다. 그래서 이번 해설을 준비하면서 혹시 동어반복이 되지 않을까, 하는 걱정이 앞서기도 하였다. 하지만, 정작 고민스러웠던 점은 2018년의 시점에서 1992년에 출간된 시인의 첫 시집을 만나야 하는 어려움이다. 그것은 1961년생 강덕환 시인의 서른 살 무렵의 삶을 만나야 하는데, 그 자초지종이야 어떻든지, 시인의 첫 시집에는 시인의 어떤 내밀한 삶의 흔적과 상처가 고스란히 산견되고 있어, 그것들을 마주해야 하는 비평적 설렘

과 곤혹스러움이 마구 뒤엉켜 있는 내 자신을 추슬러
야 한다. 무엇보다 여기에는 시인의 온몸과 밀착해
있는 제주의 삶의 리듬을 비평으로서 찬찬히 응시해
야 할 뿐만 아니라 그 제주의 삶의 리듬을 비평이 시
처럼 잘 타야 하기 때문이다. 가령, 다음과 같은 시를
음미해보자.

동녘이 벌겅헌 게
오늘은 뱁도 과랑과랑 험직허다
재게 일어낭
인칙생이 밭디 글라
아방이랑 아이덜 데리곡
쟁기 정 먼저 강 이시커매
어멍이랑 점심 가정 천천히 오라

오늘은 부종허는 날
동담 어염에서 섯담 어염까지
웃담에서 알녁담까지
조근조근 볿으라
작산 것이 간새허민
두린 것도 간새헌다
요놈의 몽생이도
조롬에 보짝 쫓으라
떨어져 가민 실퍼진다
허려려려 허려려

허려뭐시께라

(중략)

알아지크냐

느네 믄엉 꽝 보사진건

백 번이라도 무신거랜 안 고르켜

돌암시민 돌아온다

살암시민 살아진다

해 질댄 하늘 욕허지 말곡

땅 질댄 밧 욕허지 말라

신착 터진 건 좋다마는

간새허는 건 아무 쓸짝에 어신다

오늘 저녁이랑 물외장국

버럭이 해낭 푸지게 먹어보게

허려려려 허려려

허려뭐시께라

- 〈조팥밟기〉 부분

　감히 말하건대, 제주의 삶의 리듬이 절로 배어나고
있다. 이른 아침 온 가족이 조밭[粟田]에 나가 씨를 뿌
리고 뿌린 밧 전체 고루고루 밟는 농업 노동에 동참
해야 한다. 어느 가족 하나 예외일 수 없고 게으름을
피워서도 안 된다. 온 가족은 각자의 힘껏 조밭 농사

에 힘을 보태야 한다. 이 '조팥밟기'에는 제주인의 간난한 현실이 똬리를 틀고 있으며 이에 굴하지 않고 억척스레 그러면서도 낙천적으로 간난신고(艱難辛苦)를 이겨내는 제주인의 삶의 정동(情動, affection)이 흐르고 있다. 강덕환 시인은 이 '조팥밟기'를 억지스레 형상화하지 않고, 제주어 특유의 음가, 즉 비음(ㅁ, ㅇ)과 유음(ㄹ)이 절묘히 어우러지게 함으로써 가족 구성원이 한데 어울린 농사짓기를 자연스레 노래한다. 특히, "허려려려/허려려//허려뭐시께라"와 같은 여흥구와 "돌암시민 돌아온다/살암시민 살아진다"와 같은 시구는 이러한 제주인의 삶의 정동을 가감 없이 드러낸다. 무엇보다 후자의 시구는 강퍅한 제주의 현실과 척박한 제주의 자연환경에 대한 삶의 체념이 아니라 그것을 견디고 넘어서는 제주인의 강인한 삶의 의지와 욕망을 함의한다.

여기서, 이러한 제주인의 삶의 리듬은 강덕환 시인에 의해 그려지는 것보다 말 그대로 '구술(口述) 및 구연(口演)'되고 있다는 점을 눈여겨볼 필요가 있다. 마치 제주 민중의 농업 노동요의 가락과 리듬에 익숙해지듯, 〈조팥밟기〉를 소리내어 읊조리고 있으면 마치 우리의 두 발도 조밭을 밟는 흉내를 내며 절로 조밭을 밟는 노동의 장단에 몸이 움씰거리게 된다. 이것이야말로 〈조팥밟기〉가 여느 근대 서정시와 다른 시적 특징을 보여준다. 우리에게 낯익은 근대 서정시들이 낭송보다 묵독을 통해 근대적 주체의 내밀한 서정

을 보다 세밀히 읽어낼 수 있다면, 〈조팥밟기〉의 경
우 낭송의 효과를 극대화하면서 시적 퍼포먼스가 자
연스레 함께 수반되는 미적 체험으로 우리를 안내한
다. 그렇다고 이 시를 제주의 민요조 서정시로 섣불
리 읽어서는 안 된다. 다만, 내가 주목하고 싶은 것은
〈조팥밟기〉에서 '느끼고 움직이는-정동(情動)'은 제주
의 삶의 리듬이 아니고서는 포착하기 힘든 제주의 비
의성을 간직하고 있다는 것이다. 이것은 "해 질댄 하
늘 욕허지 말곡/땅 질댄 밭 욕허지 말라"에 깃든, 제
주의 하늘과 땅에 겸허히 살아가는 것이야말로 제주
의 삶정치를 일궈내는 것과 깊은 관련이 있다. 비록
제주가 "궁핍한 시대의 목숨붙이들"(〈초남동산의 협죽
도〉)이 "실밥 터진 곳으로 기어드는 가난"(〈먹구슬나무
의 사랑〉)의 남루한 삶 투성이라고 하지만, 시인은 이
러한 제주의 가난에 체념하지 않고 그것을 제주의 삶
의 리듬으로 용해시킴으로써 가난을 타고 넘어가는
제주인의 삶의 웅전으로 노래한다.

　강덕환 시인의 이러한 시작(詩作)이 설득력을 갖는
데에는, 제주의 대지가 엄동을 견디고 봄을 맞이하는
독특한 감각을 주목하기 때문이다.

　　어째서 흙이 소금기인가는
　　입춘 날 들판으로 나가 보면 알 것이다
　　긴 터널의 겨울을 지나
　　정직하게 맨살을 비벼 온 목숨

끝끝내 굴하지 않은 목숨들이

벌렁벌렁 살아 숨 쉬는 호흡

동내의를 벗어버리기엔

어쩐지 섭한 날이지만, 그럴라치면

질긴 것들의 이름을 부르는 거다

추위를 달래며 달래

질기게 견디자 질경이

가난쯤 더덕더덕 기워가며 더덕

냉이야 냉이야 이리와 냉이

숨바꼭질하자 씀바귀

아하, 그보다도 입춘 날에는

이름 없이 인동(忍冬)한 것들의

숨어서 흘려 온 눈물, 그 눈물이 스민

짭조름한 흙의 소금기를 맛볼 일이다

- 〈입춘일지〉 전문

　엄동을 잘 견딘 제주의 대지에서 시인은 "짭조름한 흙의 소금기를 맛볼" 수 있다고 한다. "정직하게 맨살을 비벼 온 목숨/끝끝내 굴하지 않은 목숨들이/벌렁벌렁 살아 숨 쉬는 호흡"을 한 제주의 대지는 소금을 만든다. 그렇게 제주의 대지는 소금의 맛을 '느끼고' 그 짠맛이 온몸을 관통하는 그 어떤 치명적 떨림을 감각할 터이다. 그리고 그 소금은 제주의 뭇 생명에 삶의 기운을 불어넣으며 제주의 독특한 삶의 리듬을 생성하리라. 이와 연관하여, 〈가을 운동회〉는 제주 공동체의 넉넉한 삶의 축제 한바탕을 만들어낸다. 가을 운동회가 열리는 날이면 제주의 삶의 긴장은 풀어진 채 그 풀린 유희의 공간에서 사람들은 평소 경계의 관계를 해체할 뿐만 아니라 "신명난 술추렴에 더덩실 어절씨구"의 놀이를 만끽한다. 지상낙원이 따로 없다.

하지만, 이러한 제주의 지상낙원은 제주를 엄습한 근대의 역사적 파행에 직면한다.

비 오는 날이라고
가만히 있으면 좀이 쑤시는 성미
운동장을 빼앗긴 아이들이
교실 한켠에서 생말타기를 한다.
(중략)
편을 가르고 등을 굽으면
말갈기 휘날리며 달리는 만주벌판
어느새 아이들은 독립군이 된다
말아, 짜부가 되지 말고 버티어라
준마가 아니고서는
건널 수 없는 식민지의 강
아 아 드디어 시작종이 울리는구나
우리들의 현실은 슬픈 분단조국
그래도 가야지 쉬엄쉬엄
허리의 통증을 다독이며

뿌연 먼지를 일으키며

흙 자갈길 내닫는 어린 통일 역군아

- 〈생말타기〉 부분

　비가 오는 날 아이들은 교실에서 생말타기 놀이를
즐기고 있다. 시인은 유년시절의 생말타기 놀이로부
터 역사적 상상력의 나래를 활짝 편다. 생말타기 놀
이에 빠져 있는 아이들을 "말갈기 휘날리며 달리는 만
주벌판"의 "독립군"으로 환치시킨다. 바다를 경계로
대륙과 떨어져 있는 섬의 어느 교실 구석에서 생말타
기 놀이를 하고 있는 아이들을, 시인은 도저한 시적
상상력의 힘으로 대륙의 지축을 흔들며 내달리는 독
립군으로 부활시킨다. 그렇게 섬의 아이들은 대륙과
분리되지 않은 채 당당히 "식민지의 강"을 건너는 역
사의 주체로서 새롭게 발견되고 있다. 그런데 시인의
예각적 인식은 여기에 그치지 않는다. 예의 역사적
상상력은 "분단조국"의 엄연한 현실을 상기시키는 학
교의 "시작종"의 간섭에 의해 중단된다. 시인은 행간
에 침묵으로 말한다. 대관절, 이 "시작종"에 의해 교
육된 것들은 무엇일까. 남과 북으로 나뉜 분단조국의
현실에서 한 순간도 포기할 수 없는 체제경쟁에 수렴
된 제도권의 교육들…… 깨어있는 자들은 알고 있
다. 남과 북에서 이뤄진 이 제도권 교육들이 분단체
제를 재생산하는 데 여념이 없어, 지난날 만주벌판에
서 말갈기를 휘날리며 나라를 되찾고자 식민의 지배

권력에 대한 그 뜨거운 저항의 기억을 애써 지워내지 않았던가. 하여, 강덕환 시인은 "밤이면 밤마다 깨어나/詩를 도둑질하는 몽유중"(《무명초의 노래》)을 앓으며, 그의 시적 윤리와 미적 정치성을 보증해낼 수 있는 시를 애타게 갈구한다.

> 은밀한 곳에서의 나의 습진이
> 끝나질 않는구나
> 언제부터 시작된 건지 잘은 몰라도
> 나잇살이나 먹어가지고
> 부모님에게 보이기도 그렇고
> 가장 깊숙한 웅어리에 붙어
> 피나게 긁어도 다하지 않는
> 밀착된 가려움
>
> - 〈나의 시〉 전문

그렇다. 시를 향한 강덕환의 치열한 갈구는 근대의 역사적 파행에 상처 입은 제주의 뒤틀린 삶과 현실에 대한 저항과 응전의 시를 벼리는 일이다. 여기에는 "스스로의 무게로/지탱 못할 바엔/아예, 떨어져 버리자"(《낙엽》)는 시인의 젊은 날의 도저한 결기가 서려 있다. 돌이켜보면, 첫 시집 《생말타기》를 발간할 무렵 강덕환은 서른을 갓 넘긴 이른바 386세대로서 1980년대를 통과해왔다. 그는 1980년에 대학에 입학한 이후 그 당시 들불처럼 번져나간 민족민주운동의 거시적 맥락 속에서 시작(詩作)을 포함한 광범위한 문화운동을 하면서 역사적 주체로서 민중의 위엄을 발견하고, 그 구체적 실현태로서 제주 민중의 험난한 역사에 밀착해간다. 하여, 그의 시가 지속적으로 추구해온 것은 역사에 대한 추상적 인식과 관념화된 시적 형상화가 아니라, 역사의 구체성에 기반한 육화된 현실을 시의 언어로 보증해내는 일이다. 다음 두 편의 시는 제주의 근대가 어떠한 구체적 경험을 바탕으로 하고 있는지 그의 가족의 삶을 통해 여실히 보여준다.

할아버지, 당신을 처음 뵌 건

서럽기만 하던 땅 슬픈 잠자리

관(棺)도 없이 아무렇게나 묻혔다가

조용해진 세상 따라 비로소

누울 자리를 찾아 떠나시던

이장(移葬) 때였습니다

흩어진 유골을 짜 맞추고

광목으로 칭칭 동여매면서

가슴팍에 배어나던 붉은 액체를 보았습니다

죽창에 쓰러지던 역사의 신음을 들었습니다

망헐 놈의 영감, 망헐 놈의 영감

할머님의 통곡을 붙잡고 고모님이 통곡하는

할아버지 귀소 길에

주소를 지어드려야 할 텐데

문패라도 달아드려야 할 텐데

잊힐 만도 하건만

더욱 또렷이 살아오는 할아버지 역사

이제 돈독한 봉분을 올리며

- 〈이장(移葬)〉 전문

외할아버지의 죽음은 우화(寓話)의 시대

냄새나는 섬의 역사였음을 너는 알 거다

제사상머리에 달라붙는 분노

개잔 술로 돌려가며 틀어막아도

뿌리 깊은 상처는 흉터로 변해

둥둥 떠도는 전설로나 남을까

- 〈새가 남긴 연가〉 부분

위 두 편의 시에서 짐작할 수 있는 것은 무슨 이유
인지 뚜렷이 드러나고 있지 않으나, 할아버지의 묘를
이장하면서 시적 화자는 육탈된 할아버지의 시신을
친친 동여맨 광목 밖으로 "베어나던 붉은 액체를", 그
리고 이것과 연관하여 "죽창에 쓰러지던 역사의 신음
을" 들었다고 고백한다. 그러면서 또한 무슨 이유인
지 그동안 변변찮은 묘비 하나 세우지 못한 가족사의
맺힌 설움을 헤아린다. 망자의 넋을 제대로 위무하지
못한 "할머님의 통곡"과 "고모님의 통곡" 속에서 "더
욱 또렷이 살아오는 할아버지의 역사"를 상기한다.
그것은 "외할아버지의 죽음"과도 연관되고, 마침내

시적 화자는 그들의 죽음이 "냄새나는 섬의 역사였음을" 안다. 그리고 "제사상머리에 달라붙는 분노"를 온몸으로 떠안는다. 《생말타기》이후 강덕환의 시작(詩作)과 활동에 주목할 때 이 모든 것들이 4·3항쟁의 역사와 긴밀한 것임을 우리는 알고 있다. 하지만 위 두 편의 시를 쓸 당시, 《생말타기》에 수록된 시 대부분이 1980년대에 씌어졌다는 것을 추정해본다면, 시의 표면적 문맥에서 4·3의 심상을 드러낼 수 없는 1980년대의 엄혹한 시대적 분위기를 읽을 수 있다. "외할아버지의 죽음은 우화의 시대"라는 시구는 그 단적인 사례다. 그래서 4·3항쟁을 초헌법적 권력에 의해 은폐하고 탈역사화하려는 '우화의 시대'에 대한 시적 응전은 시인의 내적 고통을 수반함과 동시에 '우화의 시대'에 대한 저항과 부정의 시적 행동의 몸짓으로 구현된다.

칼춤을 춘다
밤을 사르는 무녀의 주술처럼
미쳐도 아주 미친 동작으로 칼춤을 춘다
부끄러운 데를 가릴 것도 없이
강간당한 여자들이 일어섰다
은장도를 몸에 품어
우악스럽게 지켜온 순결
한바탕 숨비질로 호오이 호오이
세상 저편으로 뜨겁게 밀어내던 앙금

언제부턴가 치마를 걷어 올리는 역풍

누에 빛 알몸을 노략질할 때

손에 손에 생리대를 들고

깃발처럼 흔들고 있다

- 〈억새 2〉 전문

제주의 중산간 곳곳에 흩날리는 억새는 무녀의 칼
춤이며, 제주의 부정한 것들에 맞서 봉기한 제주 여
인의 분노이고, 일제 식민주의를 청산하지 못한 채 미
국과 소련의 냉전질서로 분단된 분단국가에 대한 제
주 민중의 역사적 저항의 몸짓이고, 이 모든 것들의
맺힌 한을 자유롭게 풀어내는 시인의 해방과 정념의
언어이다.

그런데, 잊지 말자. 억새의 이 모든 심상들은 제주
의 삶의 리듬의 구체적 실현, 즉 제주의 역사적 정동
(情動)이라는 것을. 그리고 이 억새의 출렁거리는 정
동은 근대의 폭력을 기반으로 한 억압과 위협의 세계
가 아니라, 상호공생의 평화의 가치가 출렁거리는 정
동으로 충일된 해방과 조화의 세계를 향한 쉼 없는 여
정에서 가능하다는 것을.

세월을 쓰다듬어 흘러 온 그 길이만큼

서로는 성숙하고 있었기에

큰 바다로 나서는 지금

아무 말 없어도 애틋함이 번지는 시간

두 손 맞잡은 바람의 끄트머리까지

흔들림 없이 한곳을 응시하겠습니다

파도에 휘감겨 돌지라도

넉넉히 드리운 마음 아로새기며

긴긴 여로(旅路)의 실타래를 풀겠습니다

                    - 〈바다에 이르기까지〉 부분

강덕환

1961년 제주 노형에서 태어났다. 대학 시절 문학동아리 〈신세대〉 활동과 〈풀잎소리문학동인〉 활동을 하면서 본격적으로 시를 쓰기 시작했다. 1987년 6월 항쟁 이후 지역문학운동의 활로를 모색하겠다면서 제주문화운동협의회 제주청년문학회 활동을 했고, 1994년 제주민예총 문학위원회를 거쳐 1998년 출범한 제주작가회의에서 활동하고 있다. 1992년 첫 시집 《생말타기》, 2010년에는 4·3을 다룬 시집 《그해 겨울은 춥기도 하였네》를 상재했고, 이외에 《제주4·3유적지기행-잃어버린 마을을 찾아서》(학민사), 《만벵디사건의 진상과 증언》(7·7만벵디유족회), 《무덤에서 살아나온 4·3수형자들》(역사비평사), 《4·3문학지도 Ⅰ·Ⅱ》(제주민예총), 《제주4·3 70년 어둠에서 빛으로》(제주4·3평화재단) 등을 공동으로 집필했다. 시집 《생말타기》는 지역출판문화운동의 일환으로 도서출판 '오름'에서 1992년에 펴낸 첫 시집이다.

thekwan@hanmail.net

리본시선 001

생말타기

2018년 7월 7일 복간 2쇄 발행

지은이   강덕환
발행인   김영훈
편집인   김지희
디자인   나무늘보
펴낸곳   도서출판 한그루
　　　　출판등록 제651-2008-000003호
　　　　63256 제주도 제주시 천수동로2길 23
　　　　전화 064 723 7580 전송 064 753 7580
　　　　전자우편 onetreebook@daum.net
　　　　누리방 onetreebook.com

기획   　김신숙

진행   　시옷
　　　　서점
　　　　제주도 제주시 인다13길 45-4
　　　　https://www.facebook.com/siotbooks

ISBN 978-89-94474-57-1 03810

ⓒ 강덕환, 2018

이 도서의 국립중앙도서관 출판예정도서목록(CIP)은
서지정보유통지원시스템 홈페이지(http://seoji.nl.go.kr)와
국가자료공동목록시스템(http://www.nl.go.kr/kolisnet)에서 이용하실 수 있습니다.
(CIP제어번호: CIP2018005600)

값 9,000원